Notizen Ideen Skizzen Himmlisches

Widmung

Dieses Buch gehört

Ein Geschenk von

Anlass / Ereignis

Notizen   Ideen   Skizzen   Himmlisches

Jochen Nuding

Ausgabe in Ringbindung**

und seine Schwestern
Lazarus
[Bibel] Ausmal-Comic-Strip

Jesus
HeartSkills
rund um den Wunder-Rat

komplett zum Ausmalen

 mit Bibelstellen QR-Code

 mit Leseservice QR-Code zum Parallelhören

 mit Tipps zur optimalen Nutzung

**inklusive Rückmeldungen aus der Lovelybooks Ausmal-Lese-Runde

Die Stifte sind nicht im Lieferumfang des Buches enthalten!

Notizen   Ideen   Skizzen   Himmlisches

Anleitung zur optimalen Nutzung

Das Ziel hinter dem Konzept zu diesem Ausmal-Comic-Strip, der auch für Erwachsene bestens geeignet ist, hat der Herausgeber darin verortet, möglichst viel Zeit kreativ mit dem Wort Gottes zu verbringen. Dazu soll dich dieser Comic-Strip animieren und dir regelmäßige Gelegenheiten dazu bieten.

① LIES DEN BIBEL-TEXT ZUM BEISPIEL IN DER VOLXBIBEL AUS JOHANNES 11
📖 - QR-CODE

② WÄHLE DEINE WUNSCH-FARBSTIFTE ZUM AUSMALEN ✏️✏️✏️.
MALE VORHER ODER NACHHER GERNE DEINE EIGENEN LINIEN-STÄRKEN "LINEOUTS" DARÜBER ✏️.

③ LASS DIR ZEIT. WERDE GANZ ENTSPANNT KREATIV. 🎨 MALE AUS UND ERGÄNZE. FÜLLE DIE LÜCKEN. 🖍️ MACH JEDES BILD IN RUHE GANZ ZU DEINEM BILD. ✏️ MALE DEN TEXT KREATIV AUS. LASS IHN SPRECHEN. BETONE IHN FARBLICH, WIE ES DIR AM BESTEN GEFÄLLT. ✏️ FINDE EIGENE TEXT-LINIEN-STÄRKEN. SEI MUTIG!

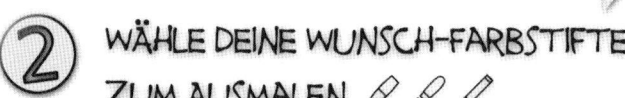

HÖRE PARALLEL ZUM AUSMALEN UND BEIM KREATIV-SEIN, DEN PASSENDEN BIBEL-TEXT. ZUM BEISPIEL IN DER VOLXBIBEL-VERSION AUS JOHANNES 11 [QR-CODE]

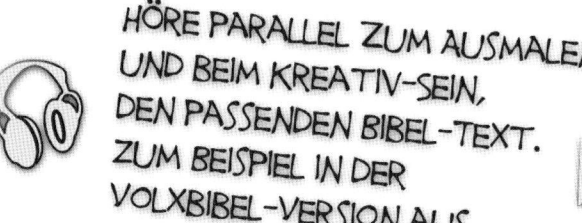

Notizen   Ideen   Skizzen   Himmlisches

Hä, warum ist das denn so wichtig?

DAS WORT GOTTES KOMMT DIREKT VON IHM, DEINEM SCHÖPFER, DER DICH GEMACHT UND SCHON IMMER GEWOLLT HAT. ER KENNT DICH WIE SONST NIEMAND, SOGAR ALLE DEINE GEDANKEN ...

ER LIEBT DICH WIRKLICH SCHON IMMER. DESHALB HAT ER SEIN WORT IN JESUS ALS MENSCH GESANDT, UM DIR ZU ZEIGEN, DASS DAS SO IST. JESUS SAGTE: WER MICH GESEHEN HAT, DER HAT AUCH GOTT, MEINEN VATER GESEHEN.

IMMER, WENN DU JESUS ANSCHAUST, WIRST DU VERÄNDERT. DABEI WIRST DU IHM IMMER ÄHNLICHER, JE MEHR DU DAS TUST. GOTT SIEHT DANN IMMER JESUS IN DIR. DABEI KOMMUNIZIERT IHR AUCH UND TAUSCHT EUCH AUS, LERNT EUCH KENNEN UND LIEBEN. DU LEBST DANN IN EINER HIMMLISCHEN BEZIEHUNG, DIE FÜR IMMER BESTAND HABEN WIRD UND DICH RETTET – FÜR IMMER! BEIM ANSCHAUEN BIST DU JA IN SEINER NÄHE.

MOTTO
✎ KREATIVITÄT AKTIV FÖRDERN
☞ DIGITALE PAUSEN ERMÖGLICHEN

Notizen   Ideen   Skizzen   Himmlisches

Bitte KEINE ALTERNATIVEN WAHRHEITEN!

Notizen   Ideen   Skizzen   Himmlisches

am toten Lazarus der himmlische Vater sich verherrlichen muss

Jesus HeartSkills ✓

nach Johannes Kapitel 11

Notizen   *Ideen*   *Skizzen*   *Himmlisches*

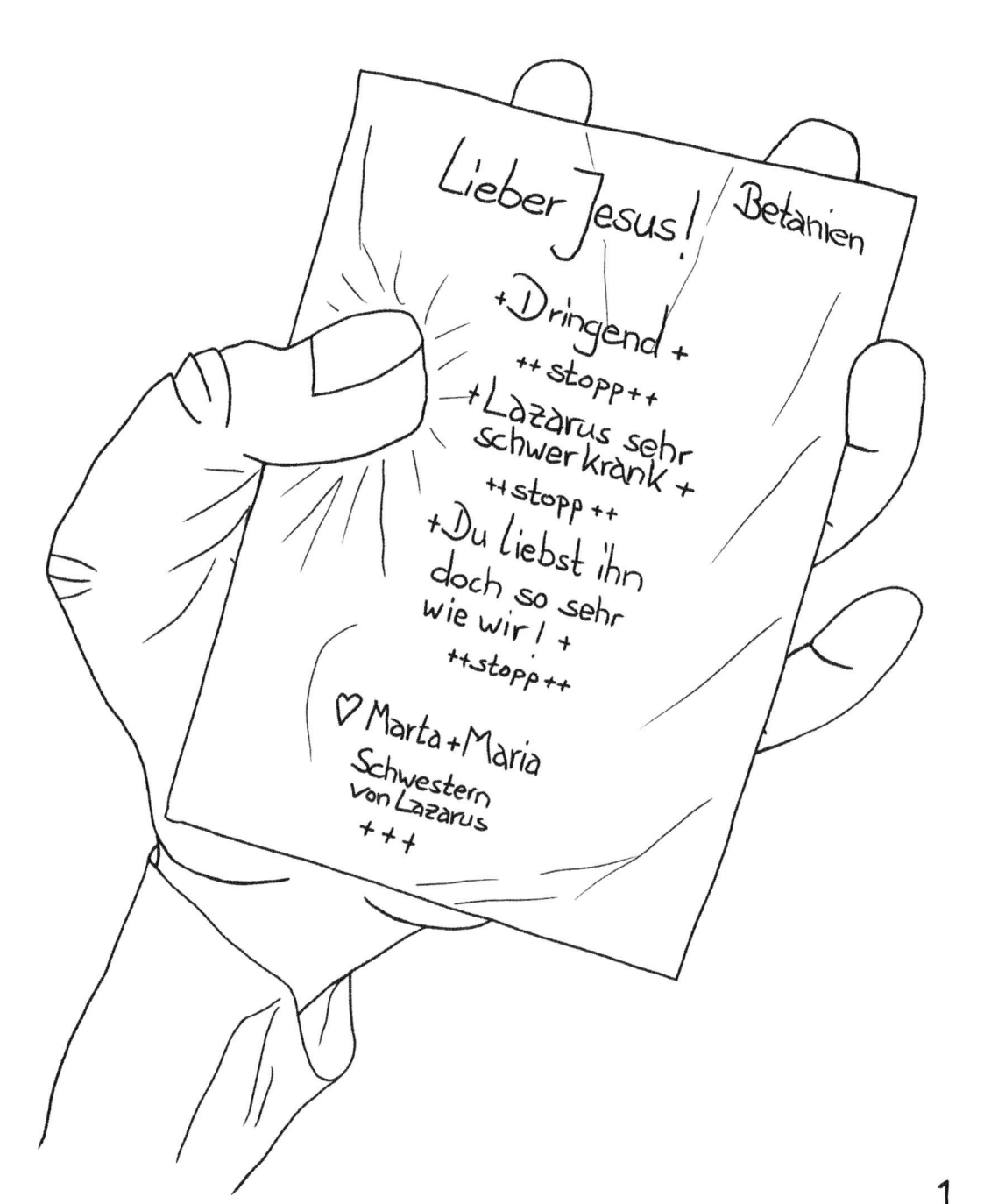

Notizen   Ideen   Skizzen   Himmlisches

Notizen   Ideen   Skizzen   Himmlisches

Ein Tag vergeht...

Vater, ich vertraue dir 100% und helfe und heile heute geduldig all die anderen, die du zu mir schickst!

Am Liebsten tue ich immer das, was du willst, eh klar...

Ich freu' mich so, Daddy, mit dir übereinzustimmen, ist so cool, das brauch' ich voll, echt jetzt

Der Menschensohn geht seinem irdischen Alltag nach und kommuniziert wie immer mit seinem himmlischen Daddy...

Notizen   Ideen   Skizzen   Himmlisches

Auch ein zweiter Tag vergeht...

Wow, waren das wieder viele heute, Dad!

Nur noch 1x Schlafen

STRECK STRECK

Morgen geht's voll ab in Betanien - wie die kucken werden - das wird so cool

Dad, dann schnallen die doch, welche POWER Du hast und dass ich dein Sohn bin - wa?

Notizen   Ideen   Skizzen   Himmlisches

Am liebsten wäre ich sofort aufgebrochen, weil ich Marta, Maria & Lazarus so sehr lieb habe!
Aber die Freude morgen, nach deinem Show-Down, wird alles x-fach aufwiegen!

Notizen   Ideen   Skizzen   Himmlisches

Notizen   *Ideen*   *Skizzen*   *Himmlisches*

Ok, wenn Lazarus tot ist, gehen wir halt mit dir dorthin, und sterben auch mit ihm!
Du bist der Meister, Jesus!

Notizen   *Ideen*   *Skizzen*   *Himmlisches*

Jesus, 'schluchz', wenn du früher gekommen wärst, würde mein Bruder noch Leben!

wein heul zerflieẞ

GUT OK♡.

Marta, ich bin jetzt da, vertraue mir und meinem Vater ↪ OK !?

Notizen   *Ideen*   *Skizzen*   *Himmlisches*

Notizen   Ideen   Skizzen   Himmlisches

Notizen   Ideen   Skizzen   Himmlisches

Konntest du nicht früher kommen, Jesus? Lazarus würde dann jetzt noch leben!!

Wo habt ihr ihn denn hingelegt, Maria?

Notizen   Ideen   Skizzen   Himmlisches

Da drin ist sein Grab ...

Der fette Stein davor muss sofort da weg!

Notizen   Ideen   Skizzen   Himmlisches

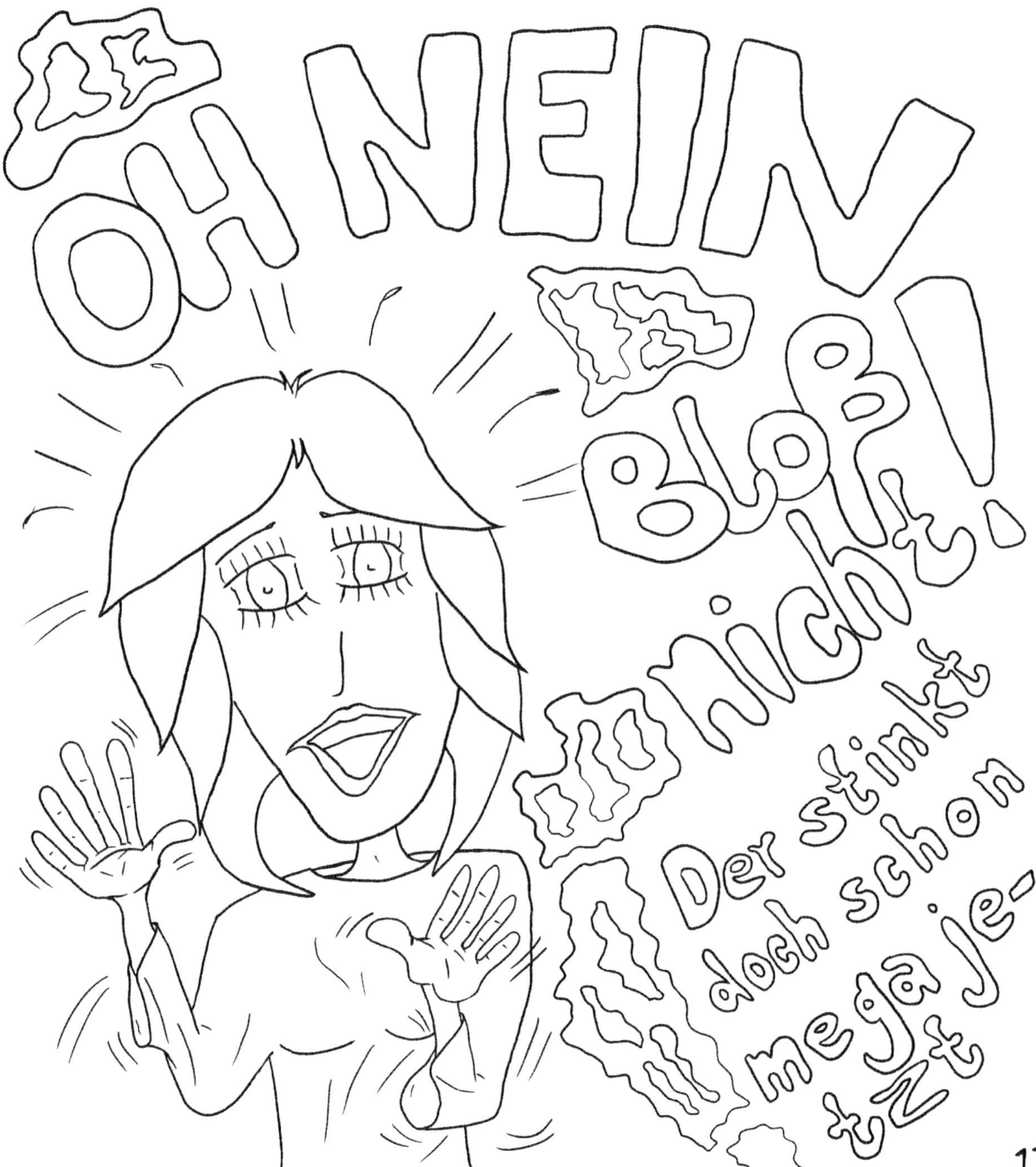
OH NEIN
BLOB
nicht!
Der stinkt
doch schon
mega je-
tzt

Notizen   Ideen   Skizzen   Himmlisches

Vertraue, Marta!

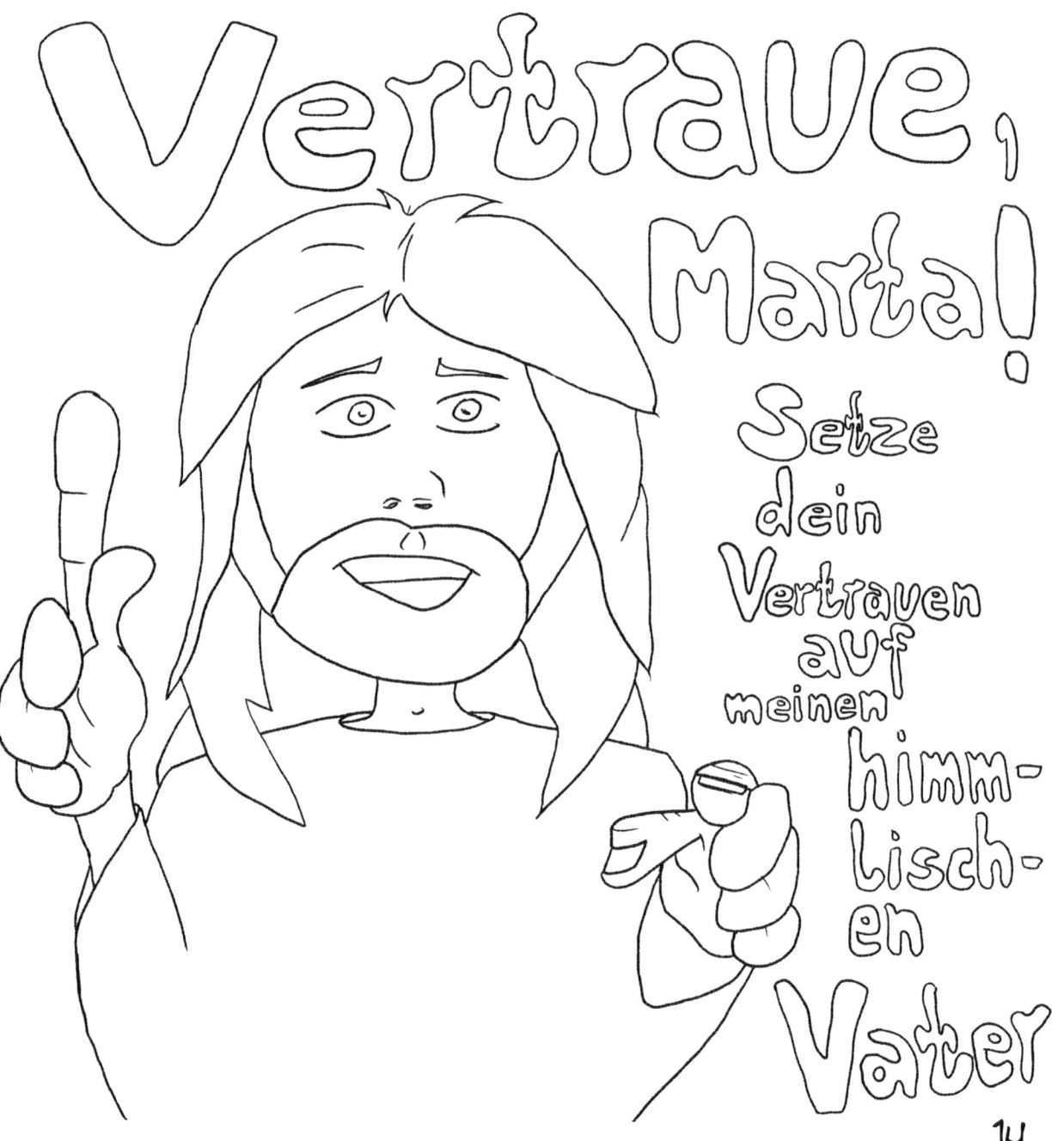

Setze dein Vertrauen auf meinen himmlischen Vater

Notizen   *Ideen*   *Skizzen*   *Himmlisches*

OK, Meister, der fette Stein ist weg, und nun?

UFF PUUhh

SCHIEB ROLL

15

Notizen   Ideen   Skizzen   Himmlisches

Danke Vater, mich immer Du erhörst... DU verherrlichst Dich jetzt hier!

Notizen   Ideen   Skizzen   Himmlisches

Lazarus komm jetzt raus!

Notizen   Ideen   Skizzen   Himmlisches

Komme schon
Oha !?
Jesus, wie schön! Wenn du nur früher gekommen wärst ...

Notizen   Ideen   Skizzen   Himmlisches

Impressum

Bibliografische Information der Deutschen Nationalbibliothek. Die Deutsche Nationalbibliothek verzeichnet diese Publikation in der Deutschen Nationalbibliografie. Detaillierte bibliografische Daten sind im Internet abrufbar. [dnb.de]

Idee, Skizzen, digitale Zeichnung, Autor, Covergestaltung der Ausgabe in Heftbindung
Selfpublishing 2020 © by Jochen Nuding [kreativ-studio-nuding.de]

Konzept, Überarbeitung & Korrektur sowie Cover-3D-Overlays der Ausgabe in Ringbindung
Selfpublishing 2021 © by Jochen Nuding, Hauptstraße 155 b,
D-13158 Berlin-Rosenthal [buero@kreativ-studio-nuding.de]

Erstellt mit freier Open-Source-Software
krita, Gwenview, Scribus, CupsPDF & Okular auf openSuse Leap 15.2
Cover-3D-Overlays mit Blender 2.92.0

Freie Schriften
Cover & Impressum - knewave, www.1001fonts.com/knewave-font.html
Seitennummern & Anleitungstexte - Prime Minister of Canada, www.larabiefonts.com

Druck
epubli - ein Service der Neopubli GmbH, Berlin [epubli.de]

ISBN der vorliegenden Buchausgabe
Siehe Buch-Rückseite.
Neben anderen Druckausgaben zum vorliegenden Ausmal-Comic-Strip sind auch noch weitere kreative Bücher und eBooks von Jochen Nuding erhältlich. Die Übersicht findet sich direkt über den QR-Code 'epubli', der Selfpublisher-Plattform, in deren Online-Shop er in der Regel seine Werke publiziert.

Hinweis
Der Inhalt wurde vom Autor und Zeichner mit größter Sorgfalt zusammengestellt. Da er aber immer noch ein Mensch mit Fehlern ist, können diese nicht 100%-tig ausgeschlossen werden. Gerne darfst du ihm deinen Fund über seine hier kommunizierten Kontaktwege kundtun und ihn damit kreativ im Studio erheitern.

QR-Codes
QR-Codes by [qrcode-monkey.com/de] - thx a lot !

Notizen   Ideen   Skizzen   Himmlisches

Kreativ Studio Nuding

Als Freelancer und Solo-Selbstständiger ist Jochen Nuding seit 2018 mit seinem kreativ Studio Nuding unter dem Motto "kreatives für mehr Himmel im Herzen" unterwegs.

Der Allrounder und Autodidakt hat er sich lebenslänglich dem Lernen verschrieben. Neben dem Comic Zeichner und Autor, ist er auch mit eigenen Animationen unterwegs. Anfangs mit "Krita" für GIFs, Stopmotion und 2D, hat er inzwischen erste 3D Schritte mit "Blender" offengelegt und für sich ganz vielfältig begonnen, die 3D-Welt zu nutzen.

Aus dem Druck heraus sind QR-Codes wohl die einfachsten Kommunikations-Mittel, deshalb dient diese Seite als QR-Code-Keule. Viel Spaß beim Entdecken!

Vernetzung

Geschenke Shops

Knuud & Ksavver

Notizen *Ideen* *Skizzen* *Himmlisches*

Daumenkinos ohne Basteln selber machen

Coole fertige "kreative Bücher" aus der Feder von Jochen Nuding. Nur die Ausgaben für Beginner sind auch bei epubli oder im Buchhandel erhältlich.

Für Beginner oder zum Ausprobieren

großzügige Ausgabe
- 20,5 x 20,5 cm
- mehr Platz für alles
- 2 Spielrichtungen
- maximal 10 Kino-Säle
- Infos, Hilfen, Tipps & Tricks
ISBN • 978-3-752996-56-2

handliche Ausgabe
978-3-752996-79-1 • ISBN
überall dabei •
14,8 x 15,6 cm •
[Rest identisch wie in der großzügigen]

Lerne und übe damit einfach mal analog die Animation • oder probiere es einfach mal aus!

Für Fortgeschrittenere • zum Vertiefen • als Geschenkband

Motto "gestalten zum Verschenken"
[oder] "verschenken zum Gestalten"

- Animation-Idee vertiefen
- coole Kreativ-Geschenke erstellen
- fertiges, reines Druck-Projekt [ohne ISBN]
- nur über den >> QR-Code >> rechts
- Angebotsanfrage erforderlich
- ideal auch für größere Planungs-Projekte
- ab 25 Stück Mengen-Staffel-Rabatte möglich

Kreativ Buch Tools Bestell & Info Blog

Angebots-Formular an den Autor für fertige, reine Buch-Druck-Projekte ohne ISBN, aber auch für Mengen-Staffel-Rabatt Anfragen

Gruppen-Projekte komplett gestaltbar

- Urheber-Info-Seite
- fertiges, reines Druck-Projekt [ohne ISBN]
- nur über den >> QR-Code >> rechts
- maximal 10 Kino-Säle [5 je Spielrichtung]
- 40 Bilder je Animation
- Hobby, Kreativgruppen, Kunst-Unterricht
- natürlich auch als Geschenk, da farblich frei

Notizen   *Ideen*   *Skizzen*   *Himmlisches*

Kreative Bücher

Coole "kreative Bücher" aus der Feder von Jochen Nuding sind jederzeit im Online-Shop, bei epubli zum Beispiel, entdeckbar. Zum selber nutzen oder einfach als besonders kreative Geschenk-Ideen auf die Gabentische packen!

Lesebuch mit Daumenkinos

Knuud & Ksavver [Wird das Leben immer taffer ?]

Webcomic-Adaption als Lesebuch Band 1
mit Daumenkinos
- Leben mit der Beta-KI Tapsy [künstliche Intelligenz]
- anno 2069
- Alltagswahnsinn & Nachbarschaft
- Großkonzern & Großfamilie
- skurrile Technik in europäischer Metropole
- ab Lesealter
- auch für Deutsch-Lernende
- A-Z Wort-Bedeutungen im Anhang

ISBN • 978-3-748522-21-8

Cartoons zum Vertiefen

Petrus trifft Jesus

Cartoons rund um den Fels in der Brandung
irdischer Fischermann trifft himmlischen Zimmermann
einfacher Bleistift Comic Style
je Cartoon passende Gedanken-Wolke
zum Entdecken, Nachsinnen & Vertiefen

ISBN • 978-3-750262-99-7

Notizen   Ideen   Skizzen   Himmlisches

Leseservice Volxbibel

Kurzvorstellung

Der Autor & Comic Zeichner hat Ende 2020 den jederzeit, überall und völlig kostenfreien Leseservice Volxbibel, nach Rücksprache und Freigabe durch den Urheber der Volxbibel-Texte Martin Dreyer, als rein private Aktion gestartet. Die Nutzer kreativer Bücher wie diesem vorzuliegenden profitieren nun zusätzlich davon, indem der passende Bibeltext in der Volxbibel-Version inzwischen auch zum Hören verfügbar ist.

Darüber hinaus sind bereits viele andere Bücher aus dem Alten und Neuen Testament der gedruckten Volxbibel Version aus dem Jahr 2014 als Podcasts hörbar.

Immer können einzelne Bücher und diese auch kapitel-weise gehört werden. Wahl-weise auch nur das Alte beziehungsweise nur das Neue Testament, in sich chronologisch, sortiert.
Alternativ stehen alle bereits verfügbaren Bücher chronologisch zuerst Altes, dann Neues Testament, als Track-Sammlung zur Verfügung.

In seinem privaten Blog führt er eine Übersicht der Möglichkeiten, sowie alle Infos zu Wissenswertem zum Leseservice Volxbibel auf.
Dies alles ist über die QR-Codes auf dieser Seite hier auffindbar.
Bitte einfach die Untertitel zur eigenen Orientierung beachten.

Logo Leseservice Volxbibel

Blog & Übersicht Leseservice Volxbibel

Audio & Podcast Hauptplattform Leseservice Volxbibel

Telegram-Kanal abonnierbar

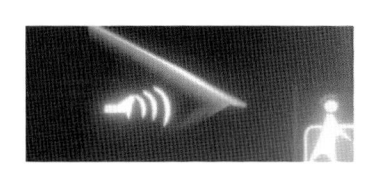

QR-Code & Volxbibel-Links

Das Logo der Volxbibel in den QR-Code-Links und im Leseservice Volxbibel wird nur optisch zur einfacheren Wahrnehmung und besseren Wiedererkennung in diesem Buch verwendet. Alle bestehenden Rechte bleiben daher völlig unberührt. Diese sind online nachlesbar unter: [wiki.volxbibel.com] oder [volxbibel.de].

ISBN 978-3-7549-4499-8

www.epubli.de